El z
de

por Pedro Ismael
ilustrado por Darrin Johnston

ⓒHarcourt
SCHOOL PUBLISHERS

Printed in China

ISBN 10: 0-15-370085-8
ISBN 13: 978-0-15-370085-9

Ordering Options:
ISBN 10: 0-15-368578-6 (ON-LEVEL Collection, Kindergarten)
ISBN 13: 978-0-15-368578-1 (ON-LEVEL Collection, Kindergarten)
ISBN 10: 0-15-371634-7 (package of 5)
ISBN 13: 978-0-15-371634-8 (package of 5)

1 2 3 4 5 6 7 8 9 10 468 16 15 14 13 12 11 10 09 08

Yo soy un zorro. Y los zorros cazan.

¡Debo ir de caza,
como todos los zorros!

Los zorros cazan pollos.
¡Les gusta el pollo!

Los zorros cazan
conejos. ¡Les gusta el
conejo!

Los zorros no cazan
osos. El oso no les
gusta...

¡Yo soy un zorro y
cazo uvas!

¡Y tomo una taza
de rica sopa!